AF358568

COLLECTION

DE

M. le Docteur EDDÉ, d'Alexandrie

ANTIQUITÉS

ÉGYPTIENNES

ET GRECQUES

ANTIQUITÉS ÉGYPTIENNES

ET GRECQUES

SPHINX EN GRANIT VERT
GRANDE STATUETTE ÉGYPTIENNE EN BRONZE

VENTE A PARIS

HOTEL DROUOT, SALLE N° 7

LES MERCREDI 31 MAI, JEUDI 1ᵉʳ JUIN
ET VENDREDI 2 JUIN 1911

A DEUX HEURES PRÉCISES

COMMISSAIRE-PRISEUR	EXPERTS
Mᵉ HENRI BAUDOIN	**MM. ROLLIN ET FEUARDENT**
Successeur de Mᵉ PAUL CHEVALLIER	Paris, 4, rue de Louvois
10, rue Grange-Batelière	Londres, 66, Great Russel street. W. C.
PARIS	PARIS

EXPOSITION

Le Mardi 30 Mai 1911, de deux heures à six heures

PARIS — 1911

CONDITIONS DE LA VENTE

Elle sera faite au comptant.

Les adjudicataires payeront DIX POUR CENT en sus des enchères.

L'exposition mettant le public à même de se rendre compte de l'état et de la nature des objets, il ne sera admis aucune réclamation une fois l'adjudication prononcée.

Paris. — Imp. de l'Art, Ch. Berger, 41, rue de la Victoire.

ANTIQUITÉS GRECQUES

I. POTERIE

1. VASES PEINTS DE LA CYRÉNAIQUE
ET D'ALEXANDRIE

1 — Petite hydrie à trois anses. — Tête de femme à droite, coiffée
du cécryphale. — Cyrénaïque.

Peinture rouge sur fond noir. Lésion au goulot et à l'une des anses. — Hauteur, 16 cent.

2 — Petite hydrie à trois anses. — Entre deux danseuses,
Amour adolescent à droite, jouant du tambourin. Autour
du col, une tige feuillue ; palmettes sous les anses. —
Alexandrie.

Rouge et blanc sur fond noir. Lésion à la panse. — H. 21 cent.

3 — Canthare. — Dauphins et couronne de feuilles autour du
col. — Alexandrie.

Pâte rouge pâle appliquée sur fond noir. — H. 19 cent.

4 — Petite amphore. — Bacchus jeune assis à gauche entre
un Silène et un Satyre dansant. R' Deux palestrites
debout. — Cyrénaïque.

Peinture rouge sur fond brun pâle. — H. 25 cent.

5 — Fragment de rhyton amorti par une tête de taureau.

6 — Grande amphore panathénaïque. — Minerve d'ancien style, debout à gauche, brandissant sa lance et tenant un bouclier rond, dont l'épisème est une étoile. Son casque, orné de volutes, a l'aigrette très élevée ; ses cheveux descendent jusqu'à la ceinture, son égide est garnie de serpents. La déesse est placée entre deux minces colonnettes ioniques, surmontées, chacune, d'une statue de Triptolème assis dans un char ailé et tenant un épi et une coupe. Le long de chaque colonne se développe une inscription : à gauche, **TON AΘENEΘEN AΘΛON** (*l'un des prix venant d'Athènes*) en lettres archaïques écrites l'une sous l'autre ; à droite, le nom de l'archonte : **ΓOΛYIHΛOΣ APXΩN**·

℟ Dans un encadrement, trois éphèbes nus, à droite, s'exerçant à la course.

Couvercle surmonté d'un gland. — Cyrénaïque.

L'archontat de Polyzelos correspond à l'année 367 avant notre ère ; ce vase est donc antérieur de cinq ans à la bataille de Mantinée.

Peinture noire sur fond rouge, rehauts blancs. — H. totale, 88 cent. Restaurations au pied et au bas de la panse.

(*Voir planche 1.*)

7 — Petit cratère. — Femme assise sur un rocher, entre deux éphèbes et une femme. ℟ Trois palestrites. — Rouge sur fond noir, rehauts blanc et jaune. — H. 23 cent. Cyrénaïque.

8 — Autre. — Amour adolescent debout, la tête radiée, entre une femme drapée et un jeune homme couronné d'une bandelette. ℟ Deux palestrites. — Mêmes couleurs. — H. 19 cent. Même provenance.

9 — Hydrie. — Sur le devant, une branche de lierre en fleur ; autour du col, une tige feuillue ; au revers, des bandelettes. Nervures sur l'anse principale. — Alexandrie.

Peinture noire sur terre pâle. — H. 21 cent.

10 — Variété du numéro précédent.

2. VASES A COUVERTE NOIRE

11 — Grande amphore cannelée, d'un très beau galbe. Autour
du col, une branchette feuillue, peinte à la barbotine.
— Couvercle avec poignée façonnée au tour. — Cyrénaïque.

H. 87 cent. - Restaurations au pied et au bas de la panse.

12 — Hydrie cannelée, à trois anses. Même collier. — Cyrénaïque.

H. 39 cent. - Lésion aux bords supérieurs.

13 — Amphore cannelée. Autour du col, une branchette de lierre
et de corymbes peinte en blanc. Anses à doubles tiges.
Même provenance.

H. 38 cent.

3. VASES A DÉCOR PLASTIQUE

14 — Lécythe en forme d'Amour ailé portant sur ses épaules un
flambeau et une corne d'abondance. — Terre rouge. —
H. 15 cent.

15 — Alabastrum orné d'une figurine phallique, en relief, et d'un
cep de vigne. — Même terre. — H. 18 cent.

16 — Vase en forme de tête d'homme grotesque. — Terre pâle.
H. 75 millim.

17 — Guttus en forme de mulet sellé et couché à terre.
— Terre noire. — H. 43 millim.

18-20 — Trois fragments à sujets érotiques en relief.

21 — Fond de plateau en terre rouge : Bacchus adolescent assis
à gauche et tenant un thyrse; derrière lui, un petit Satyre
nu. — D. 13 cent.

22 — Buste de Vénus, tenant un sceptre et une pomme. Médaillon de coupe, couverte brune. — D. 65 millim.

23 — Masque barbu, stylisé. — Terre pâle.

24 — Petit vase, presque sphérique, sans anses, décoré d'une frise de figurines en relief (porteur d'eau, femme tenant un vase, chien courant, etc). Feuilles d'arbre à la base. — H. 8 cent.

25 — Autre, avec une frise de divinités égyptiennes (bustes de Serapis et d'Isis entre deux figurines de Bes). — H. 75 millim.

26-27 — Deux petites amphores à anses coudées. Le bas de la panse est cannelé, l'épaule ornée de guirlandes en relief. — H. 85 millim.

28 — Petite aiguière ornée de guirlandes en relief. Feuilles d'acanthe autour de la base ; anse équarrie et annelée. — H. 10 cent.

29 — Autre, en forme d'outre, avec deux Amours supportant les guirlandes.

30 — Petit vase semblable, orné d'une frise de fleurettes et d'une frise de feuillage. — H. 85 millim.

31 — Petite outre à reliefs (deux figures phalliques portant chacune une outre). — H. 9 cent.

32 — Vase bursiforme à reliefs (deux Victoires placées sous des guirlandes). — H. 12 cent.

33 — Fragment d'un vase semblable (brisé), décoré d'une guirlande.

34-36 — Petite amphore à base pointue (deux couronnes sur l'épaule). — Deux petits flacons à décor incisé, etc.

4. LAMPES

37 — Petite lanterne cylindrique, ornée, sur le devant, d'un buste
de Minerve avec son bouclier. De chaque côté, un flambeau.
— H. 13 cent.

38 — Autre exemplaire.

39 — Autre, ornée d'un masque de Silène couronné de lierre.

40 — Autre, ornée d'un masque grimaçant.

41 — Négrillon accroupi, tenant une hache et une lanterne. —
H. 11 cent.

42 — Amour nu, accroupi devant une vasque et, de ses deux
bras, enlaçant un pilastre.
Le haut est brisé. — H. 145 millim.

43 — Homme bossu, entièrement nu, assis de face, avec un
panier au bras gauche et quelques amulettes au cou. Le
devant de la figurine est percé de huit trous, le revers en
a six. — H. 15 cent.

44 — *Allumeur de lanternes*. Homme chauve et barbu, vêtu d'un
petit manteau à capuchon, avec une lanterne à la main
droite et une échelle au bras gauche. Dix trous percés.
Manque les pieds. — H. 17 cent.

45 — Lampe à deux becs. Deux petits Amours assis près d'un
pilastre (brisé).

46 — Petite lampe oblongue à quatre becs. Relief : guirlande
entre deux masques de Silène.
Deux becs latéraux brisés. — L. 8 cent.

47 — Lampe ronde à six becs, la poignée en forme de feuille.

48 — Lampe façonnée en Silène nu, buvant l'huile.

49 — Autre, en forme de masque scénique de Silène.

5o — LAMPES ORBICULAIRES A RELIEFS. Jongleur assis de face entre
un singe et un chien savant qui monte sur une échelle.
Vases et anneaux dans le champ. — D. 77 millim.

5 1 — Armes de gladiateur : casque à visage, épée, jambières,
bouclier et lance. — D. 83 millim.

52 à 6o — Néréide sur un taureau marin. — Bestiaire combattant un ours. — Deux Amours portant le buste de Serapis. — Deux gladiateurs, etc. — Neuf pièces.

61 à 70 — Divinités égyptiennes et grecques. — Dix pièces.

7 1 — Buste de Minerve, à gauche. ℞ NEIKH (gravé) et une
palme. — D. 5 cent.

72 à 75 — Gladiateurs et leurs armes. — Quatre pièces.

76 à 91 — Animaux divers. — Seize pièces.

92 à 96 — Léda sur le cygne. — Sujets érotiques. — Cinq
pièces.

97 à 101 — Chandelier à sept branches. — Navire. — Masque
de Melpomène. — Amphore à vin. — Poignée de lampe
(Deux Lapithes combattant un Centaure). — Cinq pièces.

102 à 106 — Lampes sans décor, etc. — Cinq pièces.

II. TERRES CUITES

1. FIGURINES, TÊTES ET MASQUES

107 — L'enfant Horus assis sur une autruche allant à droite.
Tête recollée. — H. 18 cent.

108 — Nourrice assise, tenant un enfant sur ses genoux. —
H. 125 millim.
(Voir planche 4.)

109 — Hercule ivre, debout, tenant une massue et une coupe. —
H. 175 millim.

110 — Jeune fille drapée, debout, la tête parée de lierre, de
corymbes et d'une épaisse couronne de fleurs. — H. 25 cent.

111 — Isis *multimamma* debout, coiffée du pschent dégénéré. Elle
tient le sistre et une situle. — H. 14 cent.

112 — Buste de Bacchante, les cheveux bouclés et coiffés de
grappes de raisin et d'autres fruits.
Manque la main gauche. — H. 23 cent. Base elliptique.

113 — Jeune fille drapée dans une longue tunique et un manteau
bleu, sous lequel se dissimulent les bras. Couleurs vitrifiées,
bien conservées. — H. 18 cent. — Fabrique alexandrine.

114 — Autre exemplaire, varié.

115 — Tête et buste d'une figurine semblable. Coloration rouge
et bleu. — H. 10 cent.

116 — Baubo assise sur une base ornée de guirlandes. — H. 65
millim.

117 — Jeune fille debout, les bras sous la draperie.
Engobe blanc. — H. 17 cent.

118 — Joueuse de lyre (*trigonon*), vue de dos.
Manque les jambes. — H. 17 cent.

119 — Horus enfant, assis à terre et tenant une jarre à son bras gauche. — H. 16 cent.

120 — Silène phallique, entièrement nu, assis à terre. — H. 125 millim.

121 — Torse de femme assise, la draperie peinte en bleu. — H. 11 cent.

122 — Vieille femme couchée sur un lit de repos. Peinture rouge et blanc vitrifié. — H. 12 cent.

123 — Femme encapuchonnée, debout, toute peinte en blanc vitrifié. — H. 14 cent.

124 — Horus enfant assis, coiffé d'une grosse couronne de fleurs et du pschent dégénéré.
Les jambes manquent. — H. 18 cent.

125 — Joueuse de tambourin. — H. 16 cent.

126 — Danseuse drapée et couronnée de lierre, d'un très joli mouvement.
Manque les bras, la jambe gauche et les pieds. — H. 18 cent. Tête recollée.

127 — Caryatide égypto-grecque, coiffée d'une grosse couronne de fleurs et d'un calathus orné des plumes d'Isis.
Recollée. Les pieds manquent. — H. 22 cent.

128 — Horus adolescent, debout, portant une jarre. — H. 25 cent.

129 — Femme drapée et voilée, debout. Peinture rouge, bleu, blanc et ton de chair, d'une grande fraîcheur. — Tanagra. — H. 28 cent.

130 — Horus enfant, nu, assis à terre et tenant une jarre. — Terre rouge. — H. 17 cent.

131 — Jeune fille drapée, debout, coiffée d'une couronne de fleurs. Tanagra.

Restes de coloration. Tête recollée. — H. 15 cent.

132 — Autre, portant un canard. — Tanagra. — H. 12 cent.

133 — Enfant drapé, debout, coiffé d'une couronne. — H. 14 cent.

134 — Fillette drapée, debout, vêtue d'une longue tunique bleue. — H. 13 cent.

135 — Femme drapée, debout, coiffée du cécryphale; elle allonge ses bras vers le spectateur. Peinture blanche. — H. 13 cent.

136 — Horus enfant, accroupi à terre; à sa droite, un balustre égyptien surmonté de l'épervier. Terre rouge. — H. 16 cent.

137 — Enfant assis, jouant avec une oie. — H. 95 millim.

138 — Petit garçon monté sur un taureau. — Fragment.

139 — Horus enfant, assis à terre; à sa gauche, une jarre; à sa droite, un filet rempli de noix. — H. 10 cent.

140 — Enfant assis à califourchon sur un petit chien qui porte une guirlande au cou. — H. 10 cent.

141 — Fillette accroupie, jouant avec une oie. Coloration blanc, rouge et vermeil. — H. 9 cent.

142 — Amour enfant, nu, les ailes relevées; à sa gauche, une tête de pavot.

Jambes brisées. — H. 11 cent.

143 — Supplice de Marsyas; très beau fragment. — Chypre. — H. 75 millim.

144 — Petit garçon nu, tenant un diptyque ouvert. Fragment colorié. — H. 65 millim.

(*Voir planche 4.*)

145 — Main faisant la *fica*, avec l'avant-bras terminé en masque de Bes.

Trou de suspension. — H. 10 cent.

146 — Amour citharède sur un dauphin. Fragment colorié.

147 — Priape debout dans une tunique blanche. — H. 8 cent.

148 — Grotesque phallique, chauve et entièrement nu, assis à terre et tenant une corne d'abondance. — H. 8 cent.

149 — Vénus anadyomène. — H. 11 cent.

150 — Petit garçon nu, allant à gauche et cherchant à soustraire une grappe de raisin à un coq qui le poursuit. — H. 8 cent.

151 — Hercule appuyant son bras gauche sur une massue couverte de la peau de lion. Fragment. — H. 8 cent.

152 — Fillette portant un canard. Fragment.

153 — Buste de Silène nu, couronné de lierre, le bras droit sur la hanche, l'avant-bras gauche enveloppé d'un manteau. Beau style.

Fragment de figurine. Coloration usuelle. — H. 10 cent.

154 — Silène nu, marchant vers la droite du spectateur. Beau style.

Manque les bras, la cuisse droite et les jambes. — H. 10 cent.

155 — Vénus accroupie au bain, arrangeant sa chevelure: derrière elle, un vase recouvert d'une draperie. Base moulurée. — H. 12 cent.

156 — Horus enfant assis à terre, tenant une jarre au bras gauche. H. 15 cent.

157 — Buste d'un grotesque nu, bossu, le ventre ballonné, les mains posées sur les hanches. Fragment de figurine. — H. 9 cent.

158 — Fillette drapée, assise de face sur une pierre. Peinture blanche. — H. 9 cent.

159 — Pied de meuble, façonné en buste de Silène. — H. 9 cent.

160 — Enfant assis à terre et faisant le geste de la prière. Pâte rouge brun. — H. 7 cent.

161 à 164 — Quatre figurines érotiques.

165 — Cheval bridé. — H. 11 cent.

166 — Porc de sacrifice, paré d'un bandeau dorsal. — H. 6 cent.

167 à 169 — Deux petits coqs et une colombe.

170 — Masque de femme coiffée d'un bonnet; yeux, narines et bouche ajourés. — H. 10 cent.

171 — Autre, tête nue. — H. 10 cent.

172 — Masque de la Tragédie grecque. — H. 12 cent. Lésion à la bouche et sur le côté droit.

173 — Masque d'homme imberbe, de la Comédie romaine.

174 — Masque scénique de Satyre, la bouche en entonnoir.

175 — Masque de jeune femme, les cheveux calamistrés. — H. 9 cent.

176 — Masque scénique de la Tragédie. — H. 9 cent.

177 — Masque de jeune fille, la bouche à jour, les cheveux noués
en crobyle. Peinture blanche. — H. 8 cent.

178 — Masque de Silène.

179 — Masque imberbe, peint en rouge, brun et vermeil.

180 — Masque de femme.

181 — Masque d'homme aux traits grotesques.

182 — Masque imberbe souriant.

183 — Masque de femme coiffée de lierre et d'une bandelette, les
yeux et la bouche ajourés. — 10 cent.

184 — Masque scénique, couronné d'une guirlande de fleurs. —
H. 8 cent.

185 — Autre exemplaire. — H. 7 cent.

186 — Tête d'Omphale coiffée de la peau de lion. — H. 35 millim.

187 — Tête de Silène coiffée d'un strophium, de lierre en fleur et
de deux couronnes. Fragment de figurine. — H. 10 cent.

188 — Tête de déesse parée d'un diadème. Beau style. —
H. 10 cent.

189 — Tête de femme couronnée de lierre.

190 — Tête de vieillard peinte en vermeil.

191 — Tête de jeune fille, le strophium orné d'un rang de petites
guirlandes.

192 — Masque d'Isis, avec une haute coiffure formée de
couronnes de lierre, de corymbes et des plumes isiaques
ornées d'un disque. — H. 10 cent. — Peinture blanche.

193 — Tête d'homme imberbe, coiffé d'un gros strophium, de feuilles et de baies.

194 — Tête de femme, ceinte d'une épaisse couronne modelée au *stecco*, et de deux fruits.

195 — Autre, la coiffure très élevée et disposée en bandeaux parallèles.

196 — Tête de jeune fille, de très beau style, la bouche entr'ouverte.

197 — Autre, avec une bandelette dans les cheveux.

198 — Autre, coiffée d'une épaisse couronne de fleurs.

199 — Autre, avec strophium et lierre en fleur.

200 — Petite tête de femme, de beau style.

201 — Autre, les chairs peintes en blanc.

202 — Tête de femme, un peu inclinée à gauche. Beau style.

203 — Autre, parée de boucles d'oreilles. Beau style.

204 — Autre, inclinée à droite et coiffée du cécryphale.

205 — Tête grotesque.

206 — Autre, peinte en blanc et en rouge.

207 — Tête d'Horus, coiffée du pschent.

208 — Tête de jeune fille. Beau style.

209 — Autre, les cheveux peints en rouge.

210 — Autre, coiffée du cécryphale.

211 — Tête de fillette, peinte en blanc et en rouge.

212 — Tête de femme encapuchonnée. — Chypre.

213 — Petit buste de fillette, les cheveux bouclés.

214 — Têtes variées.

2. MOULES

215 — Néréide sur un taureau marin, à droite. Bordure : dauphins alternant avec des patères ombiliquées. — D. 16 cent.

216 — Bourse de Mercure sur un coussin. — D. 18 cent.

217 — Sur une table, dont les pieds sont ornés de têtes de taureau et de lion : trois piles de couronnes destinées aux vainqueurs dans les jeux publics. A gauche, un coq; à droite, une amphore sur son reposoir; puis, de chaque côté, un dattier en fruit. Dans le haut, deux médaillons. Bordure florale. — D. 12 cent.

218 — Masque de Méduse, de beau style grec. — D. 12 cent.

219 — Masque de Silène couronné de lierre en fleur.

220 — Trois mains de cestiaires.

III. PLATRE

221 — Le Priape de Lampsaque. Figurine plate.
   Manque les bras. — H. 95 millim.

222 — Buste d'un Amour coiffé du bonnet phrygien, l'égide sur
   la poitrine; sa main gauche tient un vase.
   Fragment de figurine. — H. 13 cent.

223 — Très beau masque de Méduse, estampé, les cheveux
   dorés, les serpents peints en bleu. — D. 11 cent. —
   Trouvé à Alexandrie (Hadra).
   (*Voir planche* 4.)

224 — Petit masque de Silène grec, couronné de lierre en fleur;
   coloration très bien conservée. — H. 9 cent.

225 — Tête d'homme barbu (époque d'Hadrien). — H. 10 cent.

226 — Buste drapé de Jupiter-Serapis; beau style.
   Le boisseau manque. — H. 12 cent.

227 — Grand masque d'homme barbu, la bouche entr'ouverte. —
   H. 22 cent.

228 — Très beau masque de femme, les cheveux ondulés, les
   pupilles peintes en noir. — H. 20 cent.

IV. VERRERIE

1. VERRES DE COULEUR

229 — Alabastrum d'ancien style, la panse toute couverte de zig-
zags et de bandeaux en pâtes jaune et vert pâle incrustées
dans une pâte brune opaque. Fabrique phénicienne. —
H. 133 millim.

230 — Petite coupe en verre jaune. — D. 95 millim.

231 — Ampoule en pâte vert de mer. Irisation métallique. —
H. 85 millim.

232 — Ampoule en verre translucide veiné de blanc opaque. —
H. 65 millim.

233 — Petit flacon sphérique en verre bleu incrusté de fils blancs.
— H. 65 millim.

234 — Autre en pâte vert de mer. Irisation métallique.

2. VERRES BLANCS

235 — Petite coupe à parois épaisses. — D. 10 cent.

236 — Petite coupe à rebord, ombiliquée. — D. 11 cent.

237 — Flacon allongé, à parois très épaisses. Irisation vert et or.
— H. 12 cent.

238 — Flacon pomiforme à long col. Très belle irisation nacrée.
— H. 12 cent.

239 — Flacon piriforme. Même irisation. — H. 125 millim.

240 — Flacon fusiforme, pointu par le bas; parois minces. Irisation métallique. — H. 126 millim.

241 — Belle ampoule pomiforme, toute couverte d'une patine
nacrée. — H. 98 millim.

242 — Flacon pomiforme à long col. Superbe irisation nacre et
or. — H. 11 cent.

243 — Flacon à panse conique et à long col. — H. 13 cent.

244 — Flacon fusiforme à parois épaisses.

245 — Petit flacon en forme de gland. Irisation nacrée.

246 — Autre, à panse quadrilatère.

247 — Petit flacon fusiforme. Irisation nacrée.

248 — Flacon piriforme. Même irisation.

249-250 — Deux petites ampoules.

251 — Petite ampoule.

252 — Petit flacon filiforme, irisé.

253 — Très petit vase sans anses, mais ayant la forme d'une
amphore.

254 — Petit flacon sphérique en verre verdâtre. Irisation métallique. — H. 58 millim.

255 — Dix-huit flacons fusiformes avec de très belles irisations.

256 — Verroterie : collier, épingles à cheveux, bague en verre
bleu, pied de figurine, masques, boutons etc.

3. TERRES ÉMAILLÉES

257 — Masque barbu ; émail vert et noir.

258 — Tête de Serapis ; émail vert. — H. 53 millim.

259 — Partie inférieure d'un bas-relief représentant Bacchus adolescent debout entre la panthère et une Bacchante. — Email vert. — H. 8 cent.

4. MOSAIQUE

260 — Mosaïque de verre, arabe, trouvée aux environs d'Alexandrie. Dessin géométral formé de petits cubes et de baguettes en pâtes verte, bleue, rouge, noire, blanc opaque et translucide, souvent dorés à la surface. C'était un pavage de tombe, mesurant 2 m. 10 de longueur sur 1 m. 45 de largeur. Les quarante-six carreaux mis en vente ont été reconstitués exactement d'après un dessin fait sur place.

V. SCULPTURES EN OS ET EN IVOIRE

1. BAS-RELIEFS

(DÉCORS DE MEUBLES)

261 — Hercule jeune, debout, de face, la massue sur l'épaule droite, la main gauche tenant les pommes des Hespérides. — H. 118 millim.
Manque la cuisse droite et les jambes.

262 — Apollon debout, tenant au bras gauche un petit sceptre — H. 15 cent.

263 — Jeune Satyre nu, à droite, tenant une grappe de raisin. — H. 13 cent.

264 — Victoire tenant une couronne. — H. 13 cent.

265 — Vénus nue, debout à droite, le bras droit levé et la tête tournée en arrière. — H. 14 cent.

266 — Muse debout (*Clio*), tenant un rouleau. — H. 12 cent.

267 — Bacchus adolescent, accoudé sur un cippe, la main droite
posée sur la tête, et tenant un cep de vigne. Devant le cippe,
la panthère assise.

Manque la tête et le bras droit. — H. 12 cent.

268 — Hercule barbu, debout et de face, la massue à la main
gauche abaissée, les pommes des Hespérides à la main
droite. — H. 12 cent.

269 — Femme nue debout, de face. — H. 13 cent.

270 — Tête de panthère, la gueule ouverte (support de meuble).
— H. 12 cent.

271 — Danseuse drapée, se dirigeant vers la droite.

Manque la tête et le bras gauche. — H. 12 cent.

272 — Danseuse nue, à gauche; derrière elle, un pilastre. —
H. 11 cent.

273 — L'enfant Bacchus, dansant sur un cep de vigne. —
H. 11 cent.

274 — Femme nue, de face. — H. 10 cent.

275 — Bacchus jeune debout, les jambes croisées, la panthère à
ses pieds.

Manque la tête et les bras. — H. 11 cent.

276 — Joueuse de tambourin. — H. 15 cent.

277 — Danseuse bachique, à droite. — H. 15 cent.

278 — Homme imberbe drapé; derrière lui, les restes d'une
figure qui tient un papyrus déroulé. — H. 137 millim.

279 — Femme nue, de face, le manteau déployé en nimbe. —
H. 125 millim.

280 — Buste de femme déployant son manteau, derrière elle, en nimbe. — L. 11 cent.

281 — Groupe de deux femmes drapées, debout à droite, dont l'une voilée et tenant une couronne. — H. 10 cent.

282 — Buste de Vénus anadyomène, exprimant l'eau qui ruisselle de ses cheveux. — H. 55 millim.

283 — Danseuse nue, à gauche; derrière elle, une couronne suspendue à un pilastre. — H. 8 cent.

284 — Autre, jouant du tambourin. — H. 9 cent.

285 — Amour au vol, à gauche, tenant une couronne; à ses pieds, un panier rempli de fruits. — H. 9 cent.

286 — Femme drapée. — H. 9 cent.

287 — Amour assis sur un dauphin et tenant un fouet. — H. 8 cent.

288 — Bacchus jeune, debout, le bras gauche replié au-dessus de la tête. — H. 8 cent.

289 — Joueuse de tambourin, nue, à droite. — H. 74 millim.

290 — Petit Amour au vol. — H. 9 cent.

291 — Bacchante à droite (fragment). — H. 84 millim.

292 — Buste de femme tenant un bouclier. — H. 9 cent.

293 — Buste de femme nue, tenant un tambourin. — H. 75 millim.

294 — Danseuse levant le bras droit (fragment). — H. 8 cent.

295 — Bacchante nue tenant un tambourin. — H. 10 cent.

296 — Autre, jouant du tambourin. — H. 8 cent.

297 — Buste de Bacchus jeune tenant un rhyton (fragment). —
H. 9 cent.

298 — Femme nue, couchée sur un lit de repos. — Long. 10 cent.

299 — Buste de Vénus anadyomène (fragment). — H. 8 cent.

300 — Tête de femme diadémée, voilée et coiffée d'une couronne
de fleurs, avec une corne d'abondance sur l'épaule gauche.
H. 6 cent.

301 — Bacchanale (fragment de bas-relief). — H. 7 cent.
L. 9 cent.

302 — Sous une conque : tête de femme et corne d'abondance. —
H. 8 cent.

303 — Arcature ornée d'une conque. — L. 85 millim.

304 — Chapiteau corinthien. — H. 56 millim.

305 — Masque de Méduse. — H. 84 millim.

306 — Oiseaux et fleurs gravés en creux et peints à l'encaustique
(fragment). — L. 10 cent.

307 — Quadrilatère avec buste de femme drapée, gravé en
creux.

308 — Autre, avec une tête de Bacchus à droite (en relief), couronnée de lierre.

2. USTENSILES

309 — Petite pyxis (sans fond ni couvercle), ornée d'un très joli
bas-relief : deux Amours assis en face l'un de l'autre, sur
des rochers. Le premier ouvre le couvercle d'un coffret.
Plus loin, un cippe chargé d'un vase.
Recollée. — H. 4 cent. D. 33 millim.

3io — Petite cuillère, la coque ombiliquée, la tige finement
sculptée et ornée d'un collier en or ciselé. — L. 10 cent.

311-312 — Cuillère et spatule en forme de feuille décorée d'un
fleuron gravé.

313 — Manche d'outil couvert de dessins géométraux.

314 — Autre, terminé par une tête de panthère.

315-316 — Deux autres, dont l'un amorti par une panthère couchée, dévorant une tête de taureau; l'autre figurant un Pan
assis et jouant de la syrinx.

317 — Cinq dés à jouer.

318 — Petit osselet portant l'inscription ΙΕΥϹ.

3. PARURE

319 — Épingle à cheveux, la tête plaquée d'or. — H. 10 cent.

320 — Épingles à cheveux. Décor varié : main droite de femme
tenant un fruit, le poignet entouré d'un bracelet en forme
de serpent ; femme nue, debout; Amour assis et endormi ;
oiseau. — Huit pièces.

321 — Épingles à cheveux, décorées de fruits variés. — Dix-huit
pièces.

322-324 — Trois têtes d'épingle : figurine grotesque, Vénus debout
(sans tête), monstrance surmontée d'une croix grecque.

325 — Bague ornée d'une tête de femme en relief. Beau style
ptolémaïque. — Trouvée à Chypre.

326 — Chaton de bague : même sujet.

VI. BRONZES

327 — Mercure nu, debout, la tête ailée, coiffée d'une bandelette et
d'une feuille d'arbre (pschent dégénéré), les sandales égale-
ment munies d'ailes.

Les bras manquent. — Haut., 18 cent. — Patine verte.

328 — Petit Amour en marche, portant sur son épaule gauche
une corne d'abondance et allongeant son bras droit vers le
spectateur.

Patine rugueuse. — H. 14 cent.

329 — Vénus debout, sans draperie, parée d'un diadème ciselé.
Très joli style de l'époque hellénistique.

Une partie des bras manque. — Patine luisante. — H. 15 cent.

330 — Petit Amour jouant à la balle.

Patine verte. — H. 11 cent.

331 — L'enfant Bacchus émergeant d'un calice de fleur. Il
porte des grappes de raisin dans le pan de sa nébride et lève
sa main gauche à la hauteur de la tête. — Décor de meuble.

H. 13 cent. Patine verte.

332 — Horus cuirassé debout, à tête d'épervier, la main gauche
tenant le parazonium, l'autre se levant pour s'appuyer sur
une lance.

H. 75 millim. — Patine verte.

333 — Vénus nue, debout, portant dans sa main gauche un petit
Amour assis battant des ailes. A sa main droite, elle tenait
un jouet vers lequel l'enfant tend les bras. La tête de la
déesse se tourne vers le jouet. Elle est coiffée d'un diadème
radié ; ses cheveux sont frisés en bandeaux au-dessus du
front et noués en chignon, d'où les boucles s'étalent sur la
nuque. Les bras sont parés d'armilles, la jambe gauche
supporte le poids du corps.

Beau style hellénistique du iiie siècle avant notre ère.

Très petites lésions à la main droite. — H. 265 millim.

(Voir planche 2.)

334 — Silène à mi-corps, émergeant d'un calice de fleur qui se termine en patte de griffon. Couronné de lierre et de corymbes, il appuie ses deux bras sur les pétales de la fleur et semble porter une hotte sur son dos. — Pied de meuble.

335 — Enfant nu, assis à terre. Peson de balance. — H. 43 millim.

336 — Harpocrate enfant, drapé, assis à terre. Il est coiffé d'un petit pschent et tient une corne d'abondance. — H. 74 millim.

337 — Buste d'homme. — H. 45 millim. Patine vert clair.

338 — Tête de Silène, couronnée de lierre, la bouche en entonnoir. — Déversoir de situle.

339 — Masque de jeune homme coiffé du bonnet phrygien.

340 — Petit masque scénique.

341 — Petit aigle.

342 — Brûle-parfums articulé, en forme de pomme de pin.

343 — Petit flacon piriforme orné de feuilles lancéolées en relief. Patine vert pâle. — H. 12 cent.

344 — Médaillon byzantin, représentant le baptème du Christ. — D. 53 millim.

VII. PLOMBS

345 — Vieil esclave allant à gauche, vêtu de l'*exomis*, le bras droit allongé. Très jolie figurine alexandrine. — H. 75 millim.

346 — Petit buste voilé de vieille femme. — H. 36 millim.

347 — Horus enfant assis sur un coq. Figurine plate. — H. 58 millim.

348 — Hercule jeune au repos, la massue à la main droite. — H. 4 cent.

349 — Griffon assis sur une base.

350 — Ane à gauche avec son bât. Relief. — H. 45 millim.

351 — Petit bas-relief : dieu debout à gauche, accoudé sur un cippe et tenant l'insigne de Tanit. — H. 37 millim.

352 — Petite patère votive. Au centre, une tête de femme à droite, entourée de griffons, etc. — D. 47 millim.

353 — Tessère. — Femme assise à gauche, tenant une couronne. ℞ Rameau droit dans une couronne de laurier.

354 — Onze balles de fronde portant des symboles (foudre ailé, fer de lance, scorpion, harpon) et des noms propres : ΘΕΑΡΟ, ΒΑΒΥΡΤΑ, ΦΙ[Λ]ΙΠΠΟΥ, [Ι]ΠΠΟΝΙΚΟΥ, ΝΙΚΟΔΑΜΟ, ΕΥΒΟΤΑΙΔΑΣ, etc.

VIII. ORFÈVRERIE

355 — Bracelet d'enfant, amorti, à ses deux extrémités, par un fil d'or en spirale. — D. 45 millim.

356 — Petit Amour au vol, tenant une patère. Pendant d'oreille.

357 — Harpocrate debout, coiffé du pschent, s'accoudant à un tronc d'arbre et tenant une corne d'abondance. Pendant d'oreille.

358 — Paire de pendants d'oreilles : perles et barillets en sardoine suspendus à des chaînettes tressées en jaseron.

359 — Autre paire : boules coiffées de petits disques plats. Sur chacune, les lettres BLN.

360 — Autre paire, de fabrique phénicienne : têtes d'*ibex*.

361 — Pendant d'oreille : Amour en or sur un dauphin en cornaline.

362 — Trois pendants d'oreilles dépareillés : massue, boules et perles suspendues.

363 — Petit cylindre portatif, orné de grenaille d'or.

364 — Bague d'or sertie d'un sardonyx biscauté ; tige ciselée.

365 — Trois décors de fibule en or estampé.

366 — Amulette ovale, en or estampé : le dieu Khons debout, à tête de bélier radiée, sacrifiant un taureau.

367 — Trois pendants de collier imitant des sequins d'or de Venise, aux noms des doges Marcello et Aloïs Mocenigo.

IX. ARGENTERIE

368 — Collier arabe composé de 69 perles à facettes, en fonte
pleine.

369 — Poids byzantin en bronze, portant la lettre A incrustée
d'argent.

X. ALBATRE

370 — Vénus debout, diadémée, le haut du corps à découvert.
Son bras droit se replie, l'autre tient un petit Amour nu,
muni d'un flambeau. — Cyrénaïque.

Recollée. Manque la main droite de Vénus, les pieds de l'Amour, etc. — H. 30 cent.

XI. GRANIT, BASALTE, etc.

371 — Tête de Jupiter Serapis, le boisseau orné de branchettes
d'olivier. — H. 19 cent. — Stéatite verte.

Trouvée à Samanoud.

372 — Ours couché sur une base (fragment). — Basalte.

373 — Inscription grecque en cinq lignes (base de statuette) en
l'honneur d'Asclépiade, fils d'Apollonius, archiprêtre du
synode. — H. 11 cent., L. 18 cent. — Granit noir.

374 — Petite tête de femme (fragment). — H. 9 cent. — Cal-
caire trouvé à Alexandrie.

XII. MARBRES

375 — Grande bague à chaton ovale, portant en relief une tête de femme à gauche, probablement de Vénus. Le bas des branches est cassé.

376 — Buste de Vénus anadyomène (fragment de figurine). Cheveux peints en rouge.

Le bras droit manque. — H. 5 cent.

377 — Très beau torse de Bacchus jeune (fragment de figurine).

Éraillure au sein droit. — H. 95 millim.

378 — Moitié antérieure d'un pied gauche (fragment de statuette).

379 — Quadrupède (cerf ?) couché à droite. La tête manque.

380 — Tête casquée de guerrier grec; barbe et moustaches coloriées de rouge. — Trouvée à Hadra (Alexandrie).

Manque le bas de la joue gauche et la moitié du menton. — H. 10 cent.

381 — Tête de Bacchus jeune, couronnée de feuilles et de fruits. Fragment de haut relief. — H. 15 cent. — Rhodes.

382 — Masque de femme couronnée de lierre. — H. 10 cent.

383 — Tête d'homme barbu. — H. 11 cent.

384 — Tête de jeune vainqueur dans les jeux, en haut relief, presque en ronde bosse. Tournée à gauche, elle est ceinte d'un strophium. Le visage est d'une grande beauté, le travail des cheveux indique l'École alexandrine. Marbre de Paros. — H. 24 cent.

(Voir planche 3.)

385 — Très jolie tête de femme coiffée d'un strophium.

Éraillure au nez. — H. 10 cent.

386 — Petit buste drapé de Jupiter Serapis. — Alexandrie.
Le boisseau manque. — H. 15 cent.

387 — Tête de panthère, la gueule ouverte.

388 — Petit terme bachique, coiffé d'un bandeau et de feuilles
de vigne. — H. 18 cent.

389 — Tête de Faunisque. — H. 12 cent. — Trouvée à Eleusis
(Alexandrie).

390 — Tête laurée de Jupiter. — Décadence. — H. 14 cent.

391 — Buste de femme, les cheveux calamistrés. Patine terreuse.
— H. 25 cent. — Cyrénaïque.

392 — Masque de Satyre jeune, avec deux petites cornes au front.
Pupilles gravées. — H. 27 cent.

393 — Masque de Vespasien. — H. 20 cent. — Trouvé à Aboukir.
Front coupé.

394 — Masque de Bacchus barbu ; style archaïsant. — H. 21 cent.
Alexandrie.
Marbre jaune.

395 — Buste drapé de Julia Soaemias. Marbre blanc. — Alexandrie.
Restaurations à la joue gauche et au menton ; bout du nez brisé. — H. avec le
socle,, 66 cent.

396 — Statue de femme debout, vêtue d'une tunique talaire et
d'un manteau en écharpe qu'elle relève de sa main gauche.
Style hellénistique.
Tête rapportée. Manque le bras droit. — H. 1 m. 10 cent.

397 — Autre, semblable, le manteau couvrant le buste.
Tête rapportée. Manque l'avant-bras droit. — H. 1 m. 10 cent.

BAS-RELIEFS

398 — Petite stèle cintrée, représentant le *Gladiateur Borghèse*, debout à gauche sur une base. — H. 19 cent. L. 22 cent.
Trouvée à Rhodes.

399 — Enfant nu, debout à droite, la tête soutenue par le bras gauche et appuyée contre un rocher ; il porte dans sa main droite une couronne. H. 16 cent. L. 75 millim.
Trouvé à Rhodes.

400 — Petit garçon assis à terre, à gauche, et jouant avec son chien. — H. 27 cent. L. 26 cent.

INSCRIPTIONS

401 — Inscription funéraire en trois lignes : *M. Ulpius Nicephorus, surnommé Aretion.* — Pavonazzetto (brisé en deux). — H. 11 cent. L. 26 cent.

402 — Dédicace à Arsinoë Philadelphe par une prêtresse appelée Timo. Inscription grecque en trois lignes. — H. 18 cent. L. 25 cent.

403 — Inscription funéraire chrétienne en cinq lignes, datée d'après l'ère des Martyrs et marquée d'une croix et d'une palme. — H. et L. 25 cent. — Catacombes d'Alexandrie.

404 — Cippe cylindrique avec inscription grecque : Eulogie de Saint-Ménas. — H. 21 cent.
Trouvée à Mariout.

ANTIQUITÉS ÉGYPTIENNES

I. TERRES ÉMAILLÉES

405 — Figurine funéraire de la trouvaille de Deir-el-Bahari. Légende hiéroglyphique sur le devant, en émail noir sur fond bleu turquoise. Très belle conservation. — H. 117 millim.

406 — Autre exemplaire, détails variés. — H. 105 millim.

407 — Thot debout, à tête d'ibis, avec le klaft et la shenti, les bras pendant le long du corps. Émail vert pâle. Bonne conservation. — H. 11 cent.

408 — Touëris debout, en forme d'hippopotame. Émail vert pâle. Jambes brisées. — H. 8 cent.

409 — Nofré-Toum debout, en marche, coiffé de plumes et d'une fleur de lotus. Recollé ; lésion au genou gauche. — H. 9 cent.

410 — Ptah-patèque debout sur deux crocodiles. Il tient dans chaque main un serpent, et porte sur chaque épaule un épervier. Au revers, la déesse Neith à droite (gravée); sur les faces latérales, les figurines d'Isis et de Nephthys. Émail vert pâle. — H. 7 cent.

411 — Sokhit debout, à tête de lionne ; même émail. Jambes brisées. — H. 6 cent.

412 — Torse de figurine : dieu en marche avec le klaft et la shenti, les bras abaissés. Modelé d'une rare beauté, émail vert pâle. — H. 67 millim.

413 — Le dieu Bes debout. Émail vert. Jambes brisées. — H. 6 cent.

414 — Nofré-Toum debout sur un lion couché. Même émail. — H. 7 cent.

415 — Horus debout, à tête d'épervier. Bel émail vert pâle.
Manque les jambes et le bras droit. — H. 54 millim.

416 — Épervier. — Émail vert.
Lésions au bec et aux pattes. — H. 46 millim.

417 — Ptah embryon. — Émail vert.
Pieds brisés. — H. 57 millim.

418 — Sokhit debout, à tête de lionne coiffée du disque. Même émail. — H. 53 millim.

419 — Anubis debout.
Pieds brisés. — H. 57 millim.

420 — Scribe agenouillé. — H. 24 millim.

421 — Isis assise, allaitant le petit Horus. Même émail.
Coiffure brisée. — H. 36 millim.

422 — Tête de Ptah embryon. Bel émail vert pâle.

423 — Tête de jeune Égyptien, très belle. Même émail.

424 — Buste d'Osiris (fragment de figurine). Émail vert. — H. 53 millim.

425 — Tête d'homme imberbe, avec le klaft et un uræus au-dessus du front (fragment de figurine). Émail vert. — H. 37 millim.

426 — Masque de lion d'ancien style. Émail bleu. — H. 55 millim.

427 — Grand scarabée. Émail vert. — Long. 65 millim.

428 — Scarabée sur une plaque percée de trous de scellement. — Long. 93 millim.

429 — Petite coupe avec décor floral en relief. Émail vert pâle.
— D. 76 millim.

430 — Cadre orné d'hiéroglyphes sur ses deux faces. Émail noir
sur fond vert pâle.
Lésion au bord inférieur. — H. 11 cent. L. 9 cent.

431 — Trois coupelles dont l'intérieur est divisé en quatre com-
partiments. Émail vert. — D. 32, 35 et 38 millim.

432 — Quatre scarabées au cartouche de Thoutmès III, dont un
très intéressant (lion assis, retournant la tête). — Deux
amulettes.

II. PLATRES

433 — Grand masque de dieu imberbe, coiffé du serre-tête avec
l'uræus, les sourcils peints en noir, les yeux ajourés. —
H. 22 cent.
Recollé.

434 — Masque de femme, les cheveux peints en noir, les yeux
émaillés. — H. 20 cent.
Recollé.

435 — Masque de dieu imberbe, avec la barbiche.
Front coupé. — H. 7 cent.

III. BRONZES

436 — Isis assise, allaitant l'enfant Horus qu'elle tient sur ses
genoux. L'uræus au front, elle porte, au-dessus du klaft,
le disque entre les deux cornes. Ses yeux sont incrustés
d'argent et d'émail.
Quelques brisures. — H. 25 cent.

437 — Osiris momiforme, tenant la houlette et le fléau. —
H. 20 cent.

438 — Khons-Lunus en marche, la jambe gauche en avant, les
bras pendant le long du corps. Coiffure : l'uræus et le
disque posés entre les cornes du croissant.

Patine verte luisante. — H. 15 cent.

439 — Touëris sous forme d'hippopotame, debout et tenant de ses
deux mains l'insigne de la protection. Coiffure : uræus,
disque à cornes et deux plumes droites. — H. (avec la
base) 16 cent.

440 — Horus enfant, debout, sans draperie, mais avec bracelets
et collier, la jambe gauche avancée. L'index de sa main
droite se rapproche de sa bouche. Coiffure : le serre-tête
avec l'uræus et la tresse juvénile. Belle patine verte
luisante. — H. 11 cent.

441 — Figurine d'Hathor momiforme, à tête de vache, coiffée du
disque. Elle tient un sceptre. Au revers, une inscription
grecque en deux lignes demi-circulaires. — H. 62 millim.

442 — Roi en prière, agenouillé, vêtu de la *shenti* et coiffé du
klaft.

Main gauche brisée. — H. 56 millim.

(*Voir planche 4.*)

443 — Bes debout sur une colonnette. Belle patine verte. —
H. totale, 15 cent.

444 — La déesse Bast à tête de chatte, debout, vêtue d'un chiton
finement tissé, la main gauche tenant une égide. Patine
verte. — H. 12 cent.

445 — Cynocéphale assis. — H. 42 millim.

446 — Petite situle ornée de sujets en relief. — H. 85 millim.

447 — Magnifique statuette de bronze, des commencements du
Nouvel Empire. Elle représente une femme nue, en marche, la jambe gauche en avant, les bras pendant le long

du corps, les cheveux finement ciselés et divisés en étages,
le cou pris dans un collier à quatre rangs. Sans aucun
doute, le visage est un portrait, ce qui indique que le
bronze est antérieur à l'époque de la plastique conven-
tionnelle, c'est-à-dire au règne des Ramessides. Le corps
est élégant et bien proportionné, la tête très fine, bien que
les traits de la femme rappellent ceux du métis.

Sur la base, qui est de forme oblongue, est gravée, en
quatre colonnes, une inscription hiéroglyphique très inté-
ressante, mais encore imparfaitement nettoyée. Après un
proscynème à Neith, *la grande mère du soleil*, à Osiris
Kenthatbat, c'est-à-dire *habitant le sanctuaire de l'abeille*,
qui était un des principaux de Saïs, et dont il est longue-
ment question dans l'inscription de la statue naophore du
Vatican et dans beaucoup d'autres documents, ce texte
donne les noms et les titres d'un haut personnage qualifié
préfet, *ha*, du nome, présidant aux sanctuaires ou palais des
deux régions, titre fréquent dans le *cursus honorum* des
préfets ou prêtres de Saïs. Le texte ajoute que ce personnage a été enfanté par la dame *Shepa* et, immédiate-
ment après, qu'il a fait faire ce monument (cette statuette)
à sa mère *Shepa*.

Les dimensions du bronze sont vraiment exceptionnelles.
(*Traduction et explication de M. Revillout.*)

Patine rugueuse ; seul, le haut du corps a été nettoyé. — H. 68 cent (avec la base).

(*Voir planche 5.*)

448 — Chatte assise, les oreilles perforées et ornées de penden-
tifs en or (rapportés). — H. 17 cent.

449 — Épervier coiffé du pschent à l'uræus. Ses yeux sont incrustés d'or et de pâtes de verre.

Pattes brisées. — H. 12 cent.

450 — Le bœuf Apis. — H. 57 millim.

451 — Petit épervier coiffé du disque à l'uræus.

452 — Rat.

453 — Trois rats placés sur une même base.

454 — Grenouille.

455 — Ichneumon. — Long. 12 cent.

456 — Sistre, le manche façonné en tronc de palmier. L'une de
ses trois traverses est conservée. Au sommet, un petit animal couché. — H. 22 cent.

457 — Paire de crotales.

458 — Petite situle isiaque couverte de légendes hiéroglyphiques.

459 — Vase à panse surbaissée, dépourvu d'anses. — H. 8 cent.
D. 12 cent.

IV. IVOIRE ET BOIS

460 — Pendentif en ivoire. — Oie couchée, repliant son col en
arrière. Sur le plat, dans un cartouche : adorant nu,
accroupi à droite devant un cartouche plus petit, qui contient
le nom d'un roi, jusqu'ici inconnu, *Menkhnra* (*lecture de
M. Revillout*). — H. 36 millim.
(Voir planche 4.)

461 — Bois sculpté et colorié. — Deux oiseaux à têtes de femme
coiffées du disque.

V. PIERRES DURES, etc.

462 — Cône assyrien en chalcédoine : roi debout à gauche, adorant
une idole.

463 — Petit cylindre en terre à émail vert : animaux.

464 — Trois scarabées en cornaline, en schiste noir et en
diorite.

465 — Amulette carrée en hématite : Horus enfant assis sur la fleur de lotus, et scarabée à tête d'épervier.

466 — Grand camée grec en agatonyx : Buste d'homme imberbe et drapé, à droite. — H. 25 millim.

467 -- Buste de nègre, à droite. — Camée en sardonyx (brun sur blanc), trouvé en Syrie.

468 — Masque grimaçant. — Camée en agatonyx.

469 — Deux oiseaux perchés sur une amphore. — Camée en sardonyx.

470 — Scarabée aux ailes éployées. — Intaille sur un jaspe ovale en cabochon.

471 — Buste d'Isis à gauche. — Intaille en sardoine.

472 — Cavalier à droite donnant un coup de lance à un ennemi terrassé. Deux étoiles dans le champ. — Hématite carrée ; intaille.

473 — Deux intailles, l'une en jaspe (buste de roi Sassanide), trouvée à Naucratis; l'autre en agatonyx (buste d'un personnage du xviii° siècle).

474 — Figurine de chatte assise, en lapis lazuli, avec boucles d'oreilles en or. — H. 4 cent.
(Voir planche 4.)

475 — Quatre figurines égyptiennes découpées. Lapis lazuli.

476 — Sept symboles égyptiens découpés. Lapis lazuli.

477 — Partie antérieure d'une panthère couchée mangeant une tête d'animal. Manche de couteau de chasse, en chalcédoine. — L. 5 cent.

478 — Petite tête imberbe égyptienne, les yeux évidés. Le haut de la coiffure manque. Schiste brun. — H. 4 cent.

479 — Égyptien nu, assis et s'adossant à un pilier. Pierre rouge.
Le bas du corps et les bras manquent. — H. 5 cent.

480 — Plaquette en verre multicolore, représentant un buste de face, visible des deux côtés de l'objet.

481 — Deux figurines découpées, en terre cuite (frondeurs). — H. 4 cent. — Rhodes.

482 — Trois tessères en terre cuite (buste de Minerve, de face, et têtes géminées). — Rhodes.

VI. SCULPTURES EN ALBATRE

483 — Beau canope à tête de chacal. — H. 20 cent.
Trouvé au lac Maréotis.

484 — Grande statuette de cynocéphale, les mains sur les genoux. — H. 22 cent.
Tête recollée

485 — Grand vase cylindrique. — H. 34 cent.
Lésions aux bords supérieurs.

486 — Autre, en albâtre mielleux. — H. 25 cent.

487 — Autre, s'évasant vers le haut. — H. 20 cent.

488 — Vase de forme sphérique, en albâtre rubané. — H. 17 cent.

489 — Gobelet en albâtre veiné de blanc. — H. 12 cent.
Recollé.

490-491 — Deux creusets, à parois épaisses, l'un veiné de blanc.

492 — Petit lécythe; anse plate et striée; couvercle en terre
émaillée de vert.

493 — Femme debout, en robe longue dessinant les formes du
corps; bras droit pendant, l'autre portant un vase (brisé).
Basse-Égypte. — H. 21 cent.

494 — Beau calice, muni de deux petits appendices latéraux. —
H. 12 cent. — Alexandrie.

495 — Petit vase bursiforme.

496 — Alabastrum.

497 — Autre, le goulot plus étroit et façonné au tour.

498 — Petit vase en forme d'urne, avec couvercle plat.

499 — Flacon surbaissé, de forme conique; couvercle façonné en
bouton.

500 — Flacon à deux anses taillées dans la masse, avec couvercle plat.

501 — Plateau. — Diam. 26 cent.
Recollé et brisé sur les bords.

502-503 — Deux petites coupes munies chacune de quatre poi-
gnées sculptées.

504 — Petit éléphant. — H. 9 cent.

VII. MARBRES

5o5 — Buste imberbe drapé, gréco-romain, avec la barbiche, le
klaft à l'uræus et un disque en marbre rouge. — H. 24 cent.
Trouvé à Aboukir.

5o6 — Hippopotame à gauche; bas-relief découpé, ayant servi de
décor de fontaine. Traces de peinture rouge. — H. 13 cent.
L. 20 cent.

5o7 — Partie antérieure de grenouille (fragment). — Alexandrie.

5o8 — Petit fragment de stèle, les figures gravées en creux.

5o9 — Amphore en marbre blanc et gris-bleu, avec couvercle
conique surmonté d'un bouton. Anses à double tige, taillée
dans la masse, pied mouluré. L'ensemble se compose de
quatre pièces mobiles. — H. 45 cent.
Trouvée aux Mex, catacombes d'Alexandrie.

VIII. CALCAIRE

5io — Isis assise sur un siège carré, la main gauche sur le
genou, l'autre portée au sein gauche. Sa tunique va de la
ceinture aux pieds, en plissures verticales; son klaft est orné
de l'uræus.
Tête recollée. — H. 33 cent.

5ii — Canope à tête de cynocéphale, avec légende hiéroglyphique. — H. 28 cent.

5i2 — Canope à tête d'épervier (le bec brisé). Légende hiéroglyphique. — H. 27 cent.

513 — Canope à tête de chacal. — Hiéroglyphes sur le devant.
H. 27 cent.
Quelques lésions.

514 — Bes, de face, brandissant une épée. Bas-relief avec traces
de couleur rouge. — H. 25 cent. L. 19 cent.
Trouvé à Benha.

515 — Même sujet. Bas-relief.
Trouvé à Zagazig (l'ancienne Bubastis'. Manque les jambes au-dessous des genoux.
H. 36 cent. L. 26 cent.

516 — Tête de lionne avec encolure, la gueule ouverte. Fragment.

517 — Touëris en hippopotame, debout ; traces de peinture. —
H. 10 cent.

518 — Buste de jeune Égyptien coiffé du klaft (fragment de figurine).

519 — Moule figurant une palmette.

520 — Lion couché sur une base.
H. 18 cent. Long. 27 cent.

521-522 — Deux têtes de canope à visage humain. L'une d'elles
a les pupilles des yeux peintes en noir.

523 — Fragment d'un bas-relief ptolémaïque. — Ptolémée et sa
femme Cléopâtre, debout, adorent le dieu Anubis, qui est
coiffé de l'*atef*, tandis que le roi porte le pschent, et la
reine la coiffure d'Hathor. Dans le haut, le disque ailé. Légendes hiéroglyphiques dans le champ. (*Explication de
M. Revillout.*)
H. 10 cent. L. 16 cent.

IX. GRANIT, PORPHYRE ET BASALTE

524 — Androsphinx couché sur une base oblongue, coiffé du klaft
à l'uræus et à la natte. Il représente le portrait d'un jeune
roi du Nouvel Empire.

C'est une sculpture de premier ordre et qui va de pair
avec les plus belles pièces de nos musées égyptiens. —
Granit vert.

L. 1 m. 5 cent.. Larg. 33 cent. H. 58 cent.

(*Voir planche 6.*)

525 — Grande statuette de la déesse Touëris, en hippopotame,
debout, coiffée du klaft, tenant l'instrument symbolique
habituel. Sur chaque épaule, un cartouche royal martelé.

Trouvée à Sakha (l'ancienne Xoïs). — Quelques cassures réparées.

(*Voir planche 7.*)

526 — Amphore, de forme élégante, munie d'un couvercle conique
à poignée droite. Les anses, taillées dans la masse, figurent
une tige repliée. — Porphyre vert. — H. 38 cent. Alexandrie.

527 — Personnage égyptien debout, adossé à un pilastre. Il est
nu et coiffé du klaft; sa main droite repose sous le menton,
son bras gauche pend le long du corps, et sa jambe gauche
se porte en avant. — Granit noir.

Restaurations au col; les pieds manquent. — H. 52 cent.

(*Voir planche 8.*)

528 — Table à libations, en granit blanc. De chaque côté de la
table, on lit l'inscription hiéroglyphique suivante : *Vie au
dieu bon, être de vérité, produisant la vérité, seigneur de
la faction des choses, le roi des deux régions, Rhamen-
kheper (Thoutmès III), aimant Neith pehneteru, semblable
au soleil à jamais. De même, la légende du bas s'y trouve*

deux fois : *vie au fils du soleil de son flanc, Thoutmès
(III), doué de vie éternellement.* La table ne contient la
liste d'aucun des ingrédients qu'on avait l'habitude d'offrir
aux dieux, et dont on faisait l'énumération sur cette sorte
d'objets, mais, au-dessus du signe des régions, apparaît la
figure d'un pain. (*Note de M. Revillout.*)

H. 32 cent. L. 44 cent. Épaisseur, 17 cent.

529 — Osiris assis, momiforme, coiffé de l'*atef ;* il tient le fléau
et la houlette. — Basalte vert. — H. 25 cent.

530 — Vase cylindrique, les bords supérieurs ornés de moulures.
— Basalte vert.

Bords ébréchés. — H. 18 cent.

531 — Flacon pomiforme, avec son couvercle. — Basalte noir.

Brisures au rebord du goulot et au couvercle. — H. 7 cent.

532 — Très beau mortier en basalte, à parois épaisses, muni de
deux anses équarries, taillées dans la masse. — H. 29 cent.

223

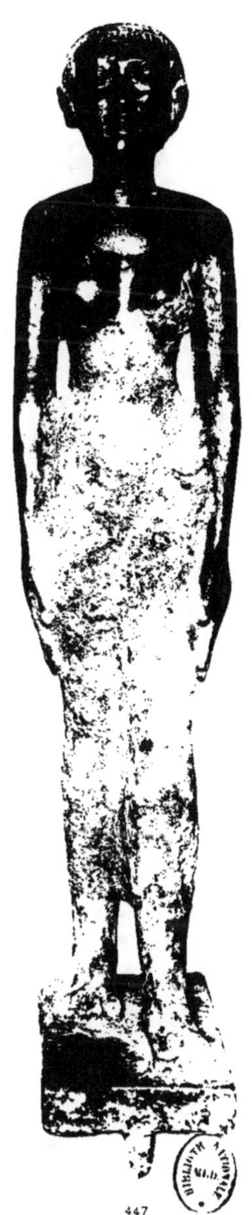

447

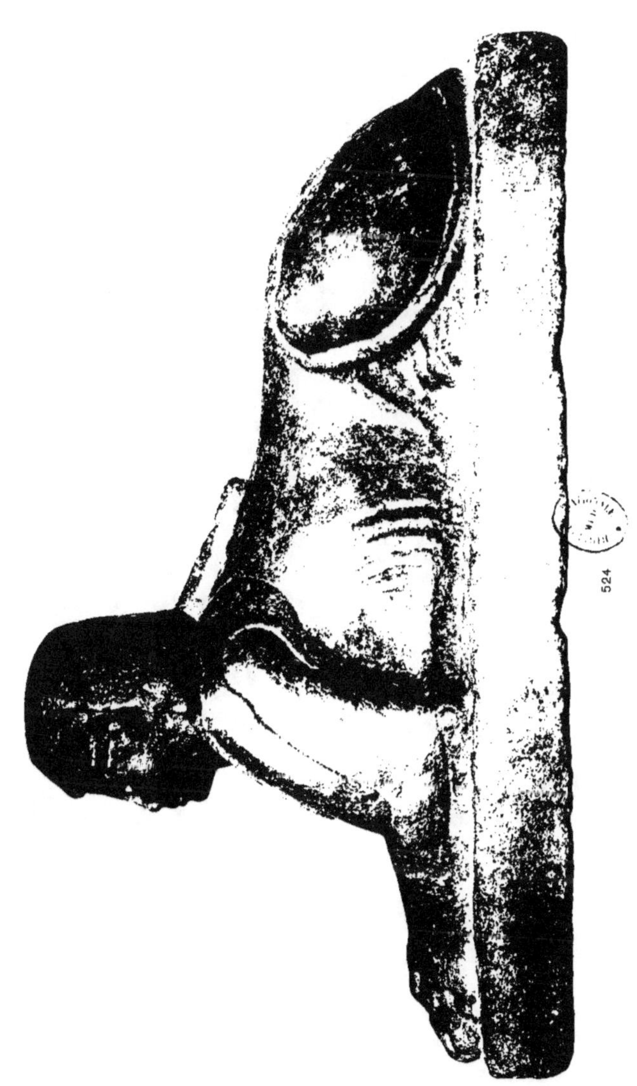

524

527